PÉTITION

AUX Citoyens Législateurs composant le Conseil des Cinq-Cents.

Citoyens Représentans... et Citoyen Président,

AUX Citoyens Législateurs composant le Conseil des Anciens.

Citoyens Représentans... et Citoyen Président,

AUX Citoyens Membres composant le Directoire Exécutif.

Citoyens Directeurs... et Citoyen Président,

AU Citoyen Ministre de la Guerre.

Citoyen,

AUX Citoyens Ministres de tous les Départemens.

AUX Citoyens Législateurs, Directeurs, Ministres et Autorités constituées.

Citoyens,

D'après le rapport ci-joint, le citoyen Taxil, dit S. Vincent reclame et sollicite de votre justice :

1°. La récompense définitive des services qu'il a rendus à la patrie depuis son enfance, en qualité de capitaine au régiment de Touraine infanterie , et de ses services militaires-civils , sans interruption pour régénérer la Corse; où il devoit être employé dans les états-majors des places de l'isle , par lettre ministérielle du 8 avril 1773 (v. s.); signée Monteynard ; comme de ceux qu'il est encore en état de rendre à la république.

2°. Une indemnité personnelle pour les dépenses que lui a occasionnées son travail approuvé pendant vingt ans , par tous les chefs de l'administration de la Corse ; en commençant par faire cultiver les héritages des habitans , et par une éducation nationale ; et pour porter des bras dans le pays , l'industrie et le commerce , habituer les Corses aux travaux de la terre ; il a toujours été question , de l'aveu du gouvernement :

De faire commander et diriger par S. Vincent , un corps militaire agricole ;

Plusieurs compagnies d'invalides détachées en Corse ; ramener la maison à ses principes de fondation ; des hospices pour les moins infirmes qu'on auroit utilisés d'après leurs facultés morales et physiques ; des colonies de militaires retirés avec pension ; un corps de pionniers destiné aux travaux publics , aux dessèchemens à entreprendre , aux communications à ouvrir , et à tous les ouvrages pour les particuliers qui auroient réclamé des ouvriers, qui se seroient soldés par leur travail , d'après la première mise pour sa formation.

Ces sommes en monnoie grise pour circuler dans le pays , en échange des comestibles , réversibles au gouvernement par les impositions , tant en nature qu'en numéraire.

A ces moyens , devait être joint le travail des troupes en garnison dans l'isle , pour défricher dans leur voisinage les terreins incultes , et les indemniser de leurs peines par les productions de la terre ; S. Vincent proposoit en outre de fournir les avances des premiers ensemencemens à faire.

Enfin bannir l'oisiveté comme la mère de tous les vices, civiliser les Corses, de manière à les rendre utiles les uns envers les autres, sur mes dispositions qui auroient conservé à la France la Corse florissante, militaire, civile, industrieuse, commerçante, riche et puissante.

3°. L'honneur de l'adoption nationale pour ses enfans, dont deux garçons et une fille, qu'il a élevé, et rendus propres à le seconder dans l'exécution de ses projets, et de monter une éducation nationale, qui se trouvent privés, par toutes les avances que S. Vincent a faites pour servir la chose publique, de l'héritage que ces enfans avoient droit d'attendre de la succession de leur père, s'il avoit été placé au commandement de la place de Calvi, d'après son titre du 8 avril 1773, ou employé à la suite d'un corps militaire en Corse ; sur les demandes réitérées aux ministres de la guerre, de la part du général Marbœuf, commandant en chef, de celles du ministre des finances, et de l'administration de l'isle qui le réclamoient comme un officier utile, pour le fixer en Corse, et lui faire exécuter tous ses plans militaires, civils, agricoles, simples et peu coûteux, rendus nuls, par la cupidité des agens subalternes.

Tous ces événemens n'ayant point ralenti son ardeur ni son zèle pour servir efficacement sa patrie, S. Vincent demande encore d'être mis en activité dans un grade militaire, qui lui donne l'autorité nécessaire pour diriger ses plans économiques dans toutes les parties, vivifier l'armée morte, en la disséminant avec fruit dans les départemens qui en auront besoin, d'après ses mémoires, calqués sur la République Romaine , et applicables à la prospérité de la République Française pour favoriser l'agriculture.

C'est à cette sage législation que Rome dût à la fois la conservation de ses mœurs , l'accroissement de son empire , créa des prodiges dans tous les genres , et devint le premier peuple de l'univers.

Citoyens législateurs , l'agriculture étant de tous les lieux , de tous les gouvernemens , le premier mobile de toutes les vertus sociales , ce seront les tribus rustiques qui consolideront dans toute la France la république, et la gloire que les braves défenseurs de la patrie lui ont acquise dans chaque siècle , par une récompense positive , qui diminuera en raison de l'occupation , du travail , des produits , par le sol , où l'on fixera leur demeure.

Salut et fraternité.

TAXIL S. VINCENT, Hôtel national des Militaires-Invalides , corridor Montpellier , N°. 22.

Ce 1er fructidor, l'an 4e.

De l'Imprimerie de DE PONT , rue de l'Oratoire.

RAPPORT,
POUR LE CITOYEN
TAXIL, dit S. VINCENT,
COLONEL AUX INVALIDES;

OU précis relatif, tant à ses services militaires et civils, qu'à son travail entrepris pour la régénération de la Corse, et rendre cette isle puissante et florissante, en y favorisant l'agriculture, en y fondant une éducation nationale, et en y établissant des colonies militaires.

Projet applicable dans les circonstances actuelles, à la prospérité de la république Française.

L'ÉTABLISSEMENT d'un gouvernement constitutionnel et libre, enfin consolidé, permet l'espoir d'un nouvel ordre des choses. Ce que le régime abusif du despotisme ne souffroit que bien rarement pour le bonheur public, va devenir commun sous des lois républicaines. Vouloir le bien, le proposer avec confiance, le voir adopté et suivi ne sera plus un beau rêve. Tel paroissoit avoir été jusqu'ici, et devoir l'être toujours, le sort des projets utiles du citoyen S. Vincent pour régénérer la Corse et la France.

Mais les circonstances actuelles leur donnent un nouveau prix, et rendent leur exécution nécessaire; on peut même dire indispensable.

Les désastres causés dans les plus beaux cantons de la France, en ont réduit un grand nombre à l'état de stérilité, dont étoit, et est encore frappée la plus grande partie de la Corse: les moyens autrefois proposés pour régénérer cette isle, peuvent donc être avantageusement employés pour rétablir la population, la culture, et l'abondance dans plusieurs de nos départemens dévastés; et sans re-

noncer au dessein d'y recourir un jour pour la Corse
elle-même, que nos armes, et la paix rendront à
la République; on peut dès ce moment les essayer
avec fruit sur notre propre sol, et s'assurer que
ces moyens de régénération ont été aussi sage-
ment conçus, que proposés avec zèle et persévérance;
étant alors soutenus par les chefs de l'administration de la Corse.

Dès 1770 le citoyen Taxil S. Vincent, militaire
par état et philantrope par inclination, profita
de ses fréquens voyages, et de ses divers séjours
en différens lieux, pour mûrir par ses observa-
tions les idées d'utilité générale et particulière,
que lui avoient suggérées les lectures assidues qui
remplissoient les momens de loisir, que lui per-
mettoient les armes. Il reconnut que le bonheur
public pouvoit, sous un gouvernement éclairé, ces-
ser d'être une chimère; mais jugeant trop avantageusement des agens de celui sous lequel il vivoit,
il s'occupa sans relâche, comme sans succès, des
moyens simples et peu coûteux, qu'il crut les plus
propres à opérer le bien public et le bonheur de
ses semblables.

La réunion de la Corse à l'empire français,
lui fournit un objet propre à l'exécution de ses
vues; ce pays étoit pour la France un domaine
tout neuf, que n'avoit point encore infecté le
génie fiscal et destructeur, qui depuis tant d'années,
travailloit en finance, et dévoroit tout entier le
sol le plus fortuné de la terre, s'il n'eût connu ni
intendans, ni fermiers généraux, ni aucun de leurs
affreux systèmes.

On pouvoit alors proposer des moyens propres
à fertiliser cette isle, sans risquer de froisser les
intérêts particuliers et personnels de ces potentats
subalternes, pour lesquels le bien public n'étoit qu'un
mot vuide de sens; mais il falloit le faire prompte-
ment par le canal du ministre de la guerre, chargé
ordinairement des pays extérieurs, afin de pré-
venir les atteintes de ces vampires, qui n'alloient
pas manquer de s'approprier cette nouvelle proie.

Le citoyen S. Vincent se hâta donc d'en tenter l'entreprise, et la suivit avec les vues droites d'un homme qui a long-temps réfléchi sur les causes du bonheur général, *l'occupation et le travail*, avec le zèle d'un de ses plus chauds amis, avec le courage d'un brave militaire, accoutumé à combattre et à vaincre des difficultés sans cesse renaissantes.

Ses projets furent d'abord goûtés par le Ministre de la guerre Choiseuil, chargé seul de ce département, et applaudis par le général Marbœuf, commandant en chef dans la Corse; et qui, par cette position, se trouvant plus à portée d'en apprécier tous les avantages, résolut de tirer parti des talens du citoyen S. Vincent, pour le bien-être d'un pays confié à sa surveillance; et il fit tout ce qui fut en son pouvoir pour appeller et fixer cet officier sur les lieux.

Choiseuil en approuvant ce dessein, parcequ'il en sentit également l'utilité, fit passer en effet S. Vincent en Corse, pour y conférer plus amplement avec le général; prendre sous ses yeux dans le pays des renseignemens plus sûrs, et déterminer les mesures à suivre pour cette importante opération. Vue de plus près, elle fut de nouveau jugée aussi praticable qu'intéressante : dès-lors le général Marbœuf ne cessa d'en solliciter l'exécution, et de demander que S. Vincent, déjà acclimaté en Corse, par un service militaire de trois ans, qu'il avoit fait dans l'isle avant ce dernier voyage, y fût établi à demeure fixe pour diriger toutes les parties de ses plans; et il le proposa sans relâche, sous tous les ministres, au commandement de la place de Calvi depuis 1774 jusqu'en 1780.

La régénération de la Corse, presque entièrement dévastée par les discordes intestines de ses habitans, tous enclins à la guerre, et privée tout à la fois de culture, d'industrie, et de commerce, cessa de paroître une entreprise plus qu'humaine aux différens ministres qui succédèrent à Choiseuil : ils y virent une résurrection possible à opérer ; et tous les ministres de la guerre, des finances, et de la marine, d'après les vues de S. Vincent, prétendirent chacun en leur particulier à l'honneur d'y concourir.

Monteynard, du Muy, Ségur, se firent tour à tour, sinon un devoir, au moins un mérite de s'y intéresser, en se concertant avec les ministres des finances, et d'accueillir favorablement l'auteur de la prospérité future de cette isle, qui étoit revenu en France, pour hâter les premiers secours nécessaires à l'entreprise, et détourner les obstacles qui s'opposent toujours aux premiers pas qui se font vers le bien.

Les plus grandes promesses lui furent prodiguées et pompeusement annoncées ; mais, par une suite inévitable des vicissitudes continuelles du gouvernement ; par la malveillance et l'intrigue des agens subalternes, chargés des affaires publiques ; par le refus enfin que fit Terray, ministre des finances, en s'emparant du département de celles de la Corse, des fonds nécessaires à fonder les états-majors des places de cette isle : les promesses faites à S. Vincent, n'eurent d'autre effet qu'une place qui lui fut accordée à la maison des invalides, sous le léger prétexte d'y donner, à une nouvelle rédaction de ses plans, toute l'extension dont ils étoient susceptibles, en attendant un tems plus propre à leur exécution.

Il n'en conserva pas moins l'expectative ministérielle d'un commandement de place en Corse : aussi Marbœuf, de retour en France en 1774, le proposa tout de suite au ministre du Muy, qui l'agréa, au commandement de la place de Calvi : mais sa mort trop prompte fit manquer cette nomination, que le ministre S. Germain lui réserva en 1775, lors de ses promotions aux états-majors des places de la Corse ; et il laissa cette place vacante et en suspens en faveur de S. Vincent. Mais Montbarrey, son successeur, sans égard pour ces dispositions et les droits sacrés qu'avoit S. Vincent à cette place, par l'appel continuel du général Marbœuf, y nomma en 1780 Maudet, sa créature : ce

qui indiposa Marbœuf contre lui, ainsi que les Corses
eux-mêmes; et leur fit regretter la nullité où l'on rete-
noit celui que depuis long - tems tout le monde
espéroit, et désiroit voir être mis à leur tête.

Maudét fut donc nommé au préjudice de S.
Vincent, au commandement de la place de Calvi,
aux émolumens de 4800 liv.; et, à la suppression
des états-majors de Corse, il fut fait général de bri-
gade, pour prix de ses services nuls dans cette isle.

Pour paroître néanmoins n'avoir pas perdu de
vue les projets de la régénération de la Corse, et
les droits de son auteur à une récompense nationale, Montbarrey fit accorder à S. Vincent, mais
seulement comme addition à son traitement de capitaine invalide, une pension de 1000 liv., en attendant (porte le brevet) qu'il jouît d'une majorité de
place, que ce ministre eut l'astuce de ne point dési-
gner pour la Corse. Il sentit peu après cependant
tout le tort qu'éprouvoit ce pays de l'inéxécution
des plans proposés, et fit enfin des tentatives
pour faire passer des invalides en Corse, sur la
demande du ministre des finances lui - même,
pour garder les bois exploités par les entrepreneurs
des forêts: cette opération fut continuée par Ségur;
mais l'insuffisance des secours offerts par le ministre
des finances, rendit encore tous ces essais inutiles,
et il les renvoya à l'époque de la paix.

Ségur lui-même ne tarda pas à partager l'indif-
férence marquée de Terray pour les projets de
S. Vincent: il la poussa au point de favoriser de
préférence des pionniers que l'intendant de Paris
avoit envoyés dans cette isle, par le dessein jaloux de
se faire aussi honneur de quelques vues poli-
tiques et économiques pour la Corse; mais cet
envoi ne réussit pas mieux que le méritoit un
projet conçu à la hâte, par une rivalité peu honorable pour son auteur; et qui ne fit que mieux
justifier la sagesse de celui que proposoit S. Vincent, approuvé d'abord par Ségur lui-même, et par
l'intendant de l'isle, qui lui avoit donné à cet égard
son avis favorable.

Cependant cette longue suite de tentatives, de démarches assidues, de sollicitations constantes pour le succès de plans si utiles, demeura sans effet réel pour le bien de la Corse, qui en étoit l'objet, et pour S. Vincent lui-même.

Un voyage à ses frais fait exprès dans cette isle, par ordre du ministre de la guerre, pour se concerter avec Marbœuf; quantité d'autres à Versailles pour y donner dans les bureaux des éclaircissemens nécessaires, mille fois demandés et toujours laissés nuls; un séjour à Paris, ordonné par le gouvernement, et continué depuis 1773 pour la rédaction de plans également applaudis et contrariés; l'appel constant que firent de l'auteur en Corse, le général Marbœuf, l'administration de l'isle, et même le ministre des finances en 1786, toujours rendu illusoire par la parcimonie, l'insouciance et l'intrigue; une dépense annuelle de 4000 liv., faite par S. Vincent, pour son existence, et celle d'une famille de quatre personnes qui ont partagé ses sollicitudes et ses travaux; la privation définitive de la place honorable qui lui étoit promise pour prix de ses anciens services militaires, et d'un emploi à la suite de quelque corps en Corse, pour dédommagement de ses avances et pour le mettre à portée de diriger l'exécution de ses plans; enfin, une modique pension de 300 liv., comme capitaine invalide, avec une gratification de 154 liv., joint à un secours annuel de 1000 liv. accordé en 1780, et réduit en 1785 à 850 liv.; tel fut l'unique résultat de tous les encouragemens tant écrits que verbaux, des promesses sans nombre, et des magnifiques espérances dont S. Vincent fut si long-tems abusé.

Confiné à la maison des invalides depuis la perte de sa généreuse compagne, il s'y est constamment occupé à revoir et perfectionner son travail; et, depuis les ravages causés par les ennemis de la révolution dans les plus belles contrées de la France, il s'est appliqué à le rendre propre à remédier à ces nouveaux besoins, et à y former des colons. Ce

que de longues et fâcheuses maladies , suite de
fatigues et de contradictions sans nombre , lui ont
laissé de santé , il l'a sacrifié à surveiller l'éducation de ses enfans , et à les rendre capables de
continuer à la patrie les services qu'il lui a lui-même
continuellement rendus. Ses deux fils , instruits par
ses soins et formés par son exemple , remplissent
déjà de leur mieux , dans des postes distingués ,
ses vœux à cet égard ; et , ce qui lui restoit d'une
fortune épuisée , il l'a employé à donner à sa fille
encore en bas âge , l'éducation la plus convenable
à son sexe.

Mais , ce que la corruption de toutes les parties de l'ancien gouvernement pendant les dernières
années de son existence , n'a pas permis d'entreprendre pour utiliser la Corse , qui pouvoit devenir
commerçante , riche , puissante , et infiniment pré-
cieuse par sa situation militaire et agricole ; la
France régénérée pourra le pratiquer , pour l'avan-
tage de son propre sol , et devra , avant tout , com-
mencer par l'objet le plus facile et le plus indispensable ; c'est-à-dire , par indemniser enfin l'auteur
de projets si intéressans de ses longs et pénibles
sacrifices . (ils se montent à une somme de plus
de cent cinquante mille livres) , et lui en faire re-
cueillir le fruit en lui accordant la juste considé-
ration qu'il mérite , en améliorant son sort , et
en le délivrant de toute inquiétude sur l'établissement
d'une famille qu'il n'a élevée et instruite , que dans
la seule vue de la rendre propre à contribuer avec
lui , et après lui , aux améliorations , et à tous les
changemens utiles et devenus nécessaires , qu'il
propose depuis si long-temps.

C'est en effet à quoi le citoyen S. Vincent borne
tous ses desirs : heureux du bonheur de sa patrie ,
il trouvera sa récompense la plus flatteuse dans
les nouveaux services qu'il pourra lui rendre encore ; et il est facile de lui en procurer l'occasion , en lui confiant avec un titre militaire , l'autorité , et les honoraires convenables , une portion
choisie de l'armée morte ; à l'aide de laquelle il
exécutera dans les diverses parties de la France

qui en seront jugées susceptibles, ses projets autrefois produits pour rendre la Corse florissante. Il y exercera avantageusement ses deux fils, qui, depuis le commencement de la révolution, n'ont eux-mêmes cessé de la bien servir, ont d'avance acquis toutes les connoissances propres à assurer le succès des plans de leur père; et continueront de mériter l'honneur de l'adoption nationale, qu'il a toujours désiré pour eux et leur sœur, pour prix du zèle infatigable avec lequel la citoyenne Elizabeth Aubricé, sa compagne et leur mère, a partagé ses travaux, ses pertes, et ses nombreux désagrémens, sous le poids desquels elle est enfin succombée.

Une bienfaisance aussi généreuse envers S. Vincent de la part d'une nation aussi puissante que couverte de gloire, sera un nouvel honneur pour elle-même, et un encouragement certain pour tout citoyen qui n'aura en vue que la prospérité nationale; et jamais moment ne fut plus précieux à saisir pour une semblable entreprise, que celui où il s'agit de tirer de la maison des invalides, et de disséminer dans la république des espèces de colonies militaires; qui, à l'instar des anciens légionnaires romains, iront porter par toute la France l'esprit de reconnoissance envers la patrie, l'amour et l'habitude du travail, de la discipline et du bon ordre dont ils donneront le précepte par l'exemple.

Jamais occasion plus avantageuse ne se trouvera d'employer avec fruit pour la France, et d'une manière plus propre à ses talens, et plus digne de ses anciens services, comme officier supérieur et comme ami des hommes, le C. S. Vincent, que de le mettre à portée de rendre ses frères d'armes tout-à-la fois plus heureux, moins coûteux, et encore utiles en favorisant les travaux rustiques et militaires d'après un plan, qui auroit à peu de frais conservé la Corse à la France; et dont le citoyen Martique a depuis long-temps fait son rapport au Comité des Secours publics, pour obtenir à S. Vincent la place que, par ses services militaires, civils et agricoles, il mérite et doit occuper.